ANDREA SCHWARZ
Wenn die Orte ausgehen,
bleibt die Sehnsucht nach Heimat

ANDREA SCHWARZ

Wenn die Orte ausgehen, bleibt die Sehnsucht nach Heimat

Fragmente einer geerbten Geschichte

FREIBURG · BASEL · WIEN

	38
	37.8
7.7	
7.5	37.5
5.3	38.-

am 6.3.45 9.40 Uhr

Entbindungsstörung

Junge m. Beckenendlage

> Ein Zuhause ist, wohin man geht,
> wenn einem die Orte ausgegangen sind.
>
> *Barbara Stanwyck (1907–1990)*

KEIN ORT
NICHT MEHR
IRGENDWO

wohin
gehe ich
wenn ich
überall
schon war

wohin
gehe ich
wenn ich
nirgendwo
das fand

was ich suchte

aber
was suchte ich

oder wollte ich nur
finden

mitten auf dem weg
gehen mir
die orte aus
entlarven sich
ziehen die maske ab

ich bin müde
geworden
ich gehe nach Hause

und darf
ganz einfach

heimkommen

Prolog

Vor mir liegt eine Brieftasche.
Sie wurde aus roten, schwarzen, braunen
Lederflicken ungelenk von Hand
zusammengenäht. Im herkömmlichen Sinne
schön ist sie nicht, diese Brieftasche. Niemand
würde heute mehr mit so etwas herumlaufen.
Auf der einen Seite, aus Leder geschnitten,
die Initialen «H S». Sie stehen für «Hildegard
Schwarz», den Namen meiner Mutter.

Meine Mutter ist im Dezember 2006 gestorben.
Und seitdem liegt diese Brieftasche
bei mir in einem Regal.
Ich kann mich gut erinnern – meine Mutter
hat lange Zeit ihre wichtigsten Dinge darin
aufbewahrt, Personalausweis, einige Fotos, Briefe.
Sie hat diese Brieftasche aus den Lederflicken
selbst genäht – 1946 im Internierungslager
in Hevring-Hede in Dänemark.

In diesem
Buch erzähle ich die
Geschichte meiner Eltern.
Mein Vater ist im März 2004 gestorben,
meine Mutter im Dezember 2006.
Deshalb scheint diese Geschichte meiner
Eltern eine alte Geschichte zu sein.
Und doch erzähle ich zugleich meine Geschichte.

Das, was ich erzählen werde, ist grad mal
sechzig Jahre her – und schon für meine
Generation so unvorstellbar, dass man
es gerade deshalb erzählen muss.
Denn diese Geschichte darf uns nicht verloren
gehen – weil es unsere Geschichte ist.

Diese Brieftasche ist ein Teil dieser Geschichte.
Sie ist ein Teil meiner Geschichte.

DANN SPRACH GOTT:
Bei denen, die mir feind sind, verfolge ich die Schuld der Väter an den Söhnen, an der dritten und vierten Generation; bei denen, die mich lieben und auf meine Gebote achten, erweise ich Tausenden meine Huld.

Exodus 20,5c–6

Lange habe ich mich mit dieser Bibelstelle
schwergetan. Was hat denn die zweite oder
dritte Generation mit den Fehlern ihrer Eltern
oder gar Großeltern zu tun? Was habe ich, 1955
geboren, mit dem Nazi-Deutschland zu tun?
Wieso muss ich mich immer noch rechtfertigen
und entschuldigen für Dinge, die vor meiner Zeit
geschehen sind? Ich lebe jetzt und hier und heute.

Ja – durchaus logisch gedacht. Und doch liegt
logisches Denken manchmal haarscharf daneben,
wenn es um uns Menschen geht. Manchmal
beeinflussen uns Ereignisse, Faktoren, die
überhaupt nicht in unserem Wirkungsbereich
liegen – und entziehen sich dabei aller Logik.
Insofern hat die Bibelstelle recht. Die Art und
Weise, wie wir leben, was wir erleben, wirkt in die
zweite und dritte Generation nach. Und das, was
unsere Eltern erlebt haben, wirkt sich auf uns aus.

Das mit der «Schuld der Väter» ist erst einmal
ein Gottesbild, das zweieinhalbtausend Jahre
alt ist. Vielleicht kann man es einfach in dem
Sinn verstehen, den ich eben schon angedeutet
habe: Was meine Eltern, meine Großeltern

erlebt haben, hat auch auf mich noch einen
Einfluss, eine Auswirkung. Und wenn ich
Kinder hätte, würde ich ihnen wahrscheinlich
wiederum davon etwas weitergeben.
Man könnte es auch ganz einfach sagen: Damit
ich mich ein bisschen besser verstehen kann,
muss ich um die Vergangenheit wissen.
Nur dann kann ich in der Gegenwart leben.
Und nur dann wird Zukunft möglich.

Es ist ein Buch über Flucht und
Vertreibung – auf den ersten Blick.

Aber darüber könnte ich gar nicht schreiben.
Ich weiß nicht, was Vertreibung ist.
Um vertrieben werden zu können, muss man
eine Heimat haben. Und eine Heimat, das ist
keine Postadresse, kein offizieller Meldeschein
der Behörde und auch nicht das gelbe Schild
mit schwarzer Schrift am Ortseingang.
Ich habe eine solche Heimat nicht
erlebt. Und deshalb kann ich daraus
auch gar nicht vertrieben werden.
Und «Vertreibung», das ist etwas, was
jemand oder etwas mit einem macht.
Mich hat niemand vertrieben.

Aber ein Buch über Flucht und Vertreibung
hat auch immer etwas mit «Heimat» und
«Sehnsucht» zu tun. Und vielleicht sind wir da
auf einmal in meinem Leben mitten drin?
Vielleicht sagt das etwas über meine Suche aus?
Vielleicht ist das zugleich meine Sehnsucht?
Ist das der Grund, warum ich nach Santiago de
Compostela gegangen bin? Werde ich deshalb

unruhig, wenn ich an einem Ort länger als sieben
oder acht Jahre bin? Und hat vielleicht auch
meine Entscheidung, einen Schwerpunkt meines
Lebens nach Südafrika zu verlegen, damit zu tun?

Mag sein, dass dieses Buch eine Suche
nach mir selbst ist, vielleicht Ausdruck
meiner Sehnsucht, vielleicht...
Dieses Buch ist zwar auch die Geschichte meiner
Eltern – aber viel mehr noch meine Geschichte.
Und es ist die Geschichte von
unzählig vielen Menschen an allen
möglichen Orten auf dieser Welt.
Denn diese Geschichte ist keine alte
Geschichte, sondern es ist eine Geschichte,
die jeden Tag neu geschieht. Es geht darum,
diese Geschichte zu «ver-gegenwärtigen»,
sozusagen ins Hier und Heute zu übertragen.

Deswegen schreibe ich dieses
sehr persönliche Buch.
Damit wir nicht vergessen...

Rückblende I 14

Rückblende II – Januar 1945 27

Rückblende III 33

Rückblende IV – März 1945, Gotenhafen 35

Rückblende V – «Monte Rosa», auf See 42

Rückblende VI 51

Rückblende VII – ein Ort im Taunus 1946 57

Rückblende VIII 69

Rückblende IX 71

Rückblende X 81

Rückblende XI 84

Soetwater, 31. Mai 2008 91

Epilog 101

Zu diesem Buch 108

Rückblende I

Mein Vater wurde 1916 in Breslau geboren. Mein Opa war Straßenbahnschaffner auf der berühmten Linie am Ring. Er hatte sich hochgearbeitet – aus der Landwirtschaft zu Hause zu einem Beruf «in der Stadt». Das war «mehr».

In Breslau lebten mein Opa und meine Oma mit vier Kindern in einer Mietswohnung. Der Familie ging es damals finanziell nicht gut. Sie hatten einen Kleingarten, den mein Opa sehr liebte und der ein bisschen zur Versorgung der Familie beitrug. Mit dem Handwagen zogen sie immer wieder hinaus aufs Land, um Ähren nachzulesen, um zu ein bisschen Mehl zu kommen oder Kartoffeln zu stoppeln. Aus Zuckerrüben wurde Sirup gekocht, um einen billigen Brotaufstrich zu haben.

Mein Vater war damals Ministrant in St. Michael in Breslau – und nach einer Beerdigung hat er die 75 Pfennig, die es dafür gab, in «Krümelkuchen» beim Bäcker umgesetzt, Kuchenreste sozusagen, die beim Schneiden übrig blieben. Und er sammelte Altpapier, um es für einen oder zwei Groschen beim Altwarenhändler zu verkaufen.

Die Familie meines Vaters war arm, das Geld war

knapp. Man musste zusehen, wie man über die Runden kam.

Mit 18 Jahren, 1934, meldete sich mein Vater als Berufssoldat. Nein, ich weiß nicht, warum. Er war kein Nazi – ganz im Gegenteil. Er kam aus der katholischen Jugendbewegung. Vielleicht reizte ihn als jungen Mann das Abenteuer, das ganz Andere. Und die kaufmännische Lehre, die er angetreten hatte, war sowieso nur als Überbrückung gedacht, bis er alt genug war, um als Berufssoldat angenommen zu werden.

Ob er es bereut hat? Das weiß ich nicht.

Mit 23 Jahren lernte er in Ostpreußen meine Mutter kennen, das war 1939. Sie war in Heilsberg geboren, hatte die Haushaltungsschule in Berlin besucht und half bei einem Onkel und einer Tante im Haushalt und der Bäckerei mit. Zwei Jahre später, 1941, heirateten sie. In Heilsberg hatten sie ein kleines Mansardenzimmer, hübsch und gemütlich eingerichtet, wie man auf alten Fotos sehen kann. Meine Mutter hatte ihre Aussteuer mitgebracht – und auch zur Hochzeit werden sie das eine oder andere geschenkt bekommen haben. Im Mai 1943 kam Klaus zur Welt, im August 1944 Christiane.

Noch ging der Krieg an Ostpreußen vorbei – und auch an der kleinen Familie. Mein Vater war schon im Herbst 1940 durch einen Granatsplitter verletzt worden. Nach mehreren Monaten Lazarett konnte er nur noch im Innendienst eingesetzt werden.

Von diesen Jahren meiner Eltern weiß ich wenig. Wenn sie einmal erzählten, dann waren es Kindheits- und Jugenderlebnisse – wie in Breslau das Bier mit dem Wagen ausgefahren wurde, dass meine Mutter auch an ihrem Geburtstag, Maria Lichtmess, in die Kirche gehen musste, die netten

Tanzbälle mit den «schmucken» Soldaten. Da mein Vater bei der berittenen Artillerie war, lernte ich früh, was eine «Stallwache» ist und wie sie beim Pferdeputzen den Kalk von den Wänden abbürsteten, um zu der verlangten Zahl von «Strichen» zu kommen, die mit dem Striegel ausgeklopft werden mussten. Und von ihrer Hochzeitsreise ans Kurische Haff erzählten sie…

Aber abgesehen von
den Pferden und
Trakehnen fand ich
das alles nicht so
spannend – und
mir meine Eltern
als junge Leute
vorzustellen,
die frisch
verliebt waren? Den Gedanken
fand ich damals wohl vollkommen absurd.
Und wie mir Freunde bestätigt haben, ist
das heute bei Jugendlichen kaum anders.

Dazu kam wahrscheinlich, dass manche
Verwandte meiner Eltern, die ja alle aus
Ostpreußen oder Schlesien kamen, oft kein
anderes Gesprächsthema hatten als die «verlorene
Heimat» und wie schön es da war. Auch nicht so
prickelnd, wenn man als Jugendliche das eigene
Leben vor sich hat. Da wird man sich hüten, mit
Nachfragen das Thema noch weiter zu schüren.

Ja, ich gebe zu – das, was meine Eltern damals
erlebt haben, hat mich lange Zeit nicht interessiert.

Aber «verlorene Heimat» – die Bedeutung
dieses Stichworts für mein Leben ist mir
vor einigen Jahren aufgegangen.

*Die Erinnerung an ihre Heimat haben meine Eltern
immer wachgehalten – und das war eben nicht Wiesbaden, sondern das war ein Ort, «an den man nicht
mehr hin kann». Ich wuchs auf mit gelegentlichen
schlesischen und ostpreußischen Dialektwörtern, mit
Schwarz-Weiß-Dias von der Kurischen Nehrung und
dem Rathaus von Breslau.*

*Aber eine Heimat, die man nicht kennt und in die
man nicht hinfahren kann, ist irgendwie keine Heimat. Nein, es war mir als Kind, als junger Mensch
nicht bewusst – und ich habe auch nicht darunter
gelitten. Wenn man etwas nicht erlebt hat, kann es
einem auch nicht fehlen.*

*1979 zog ich von Wiesbaden in den Schwarzwald
– und dort habe ich genau das nachgeholt: Ich habe
mich beheimatet. Ich habe mich in eine Landschaft
verliebt, habe die Menschen mit ihrem Dialekt und
ihrer Art zu leben schätzen gelernt, fühlte mich zu*

Hause, war vertraut mit dem Landstrich zwischen Kinzig, Dreisam und Vogesen. Ich lebte gern dort – und doch war es mir nicht bewusst.

Meine Mutter wurde 1993 krank, ein Bein musste amputiert werden – und schnell war mir klar, wenn ich meine Eltern auf ihrem letzten Lebensabschnitt begleiten und unterstützen will, macht es wenig Sinn, zweihundert Kilometer entfernt zu wohnen. In meiner freiberuflichen Tätigkeit damals war es nicht so wichtig, wo ich denn wohne.

Ich fand eine Wohnung in der Nähe von Alzey in Rheinhessen, eine vollkommen andere, für mich spröde Landschaft. Und dort sprach man anders, lebte anders, ich kannte keinen Menschen – und ich fühlte mich irgendwie verlassen und verloren, auch wenn ich damals nicht verstand, warum das so war.

Das wurde mir erst bei Wanderexerzitien mit den Pfadfindern im Elsass 1994 klar. Ich atmete auf, als ich in der vertrauten Landschaft war, den Dialekt wieder hörte, das ganz besondere Licht, das dort am Abend über dem Rheintal liegt, regelrecht in mich aufsog. Hier war ich zu Hause. Hier hatte ich Heimat gehabt – und wieder war mir Heimat genommen worden. Ohne bösen Willen, ohne Absicht – aber meinen Eltern zuliebe hatte ich einen mir vertrauten

Lebensbereich, in dem ich mich wohlfühlte, aufgegeben. Wir wanderten schweigend auf den Odilienberg hinauf – und ich dachte nur: Ja, aber – wo kann ich denn dann zu Hause sein? Wer oder was hält mich, trägt mich – wenn alles andere nicht mehr trägt?

In diesen Tagen begleitete uns die Stelle aus dem Hebräerbrief – und sie fiel genau in mein Fragen hinein: «Mit diesen Worten geben sie zu erkennen, dass sie eine Heimat suchen» (Hebräer 11,14).

Damals habe ich für mich ganz neu Gott gefunden. Er wurde zur Antwort auf mein Suchen und meine Heimatlosigkeit. Meine Sehnsucht hat einen Namen bekommen und meine Heimat einen Ort.

Der allerdings ist auf keiner Landkarte zu finden.

Aus: Andrea Schwarz, Bleib dem Leben auf der Spur (2005)

GLAUBE ABER IST: Feststehen in dem, was man erhofft, überzeugt sein von Dingen, die man nicht sieht.
Aufgrund des Glaubens gehorchte Abraham dem Ruf, wegzuziehen in ein Land, das er zum Erbe erhalten sollte; und er zog weg, ohne zu wissen, wohin er kommen würde. Aufgrund des Glaubens hielt er sich als Fremder im verheißenen Land wie in einem fremden Land auf und wohnte mit Isaak und Jakob, den Miterben derselben Verheißung, in Zelten; denn er erwartete die Stadt mit den festen Grundmauern, die Gott selbst geplant und gebaut hat.
Voll Glauben sind diese alle gestorben, ohne das Verheißene erlangt zu haben; nur von fern haben sie es geschaut und gegrüßt und haben bekannt, dass sie Fremde und Gäste auf Erden sind. Mit diesen Worten geben sie zu erkennen, dass sie eine Heimat suchen.

Hebräer 11,1.8-10.13-14

Ich persönlich glaube, dass meine Bindung
an Gott und den Glauben etwas mit dieser
erlebten Heimatlosigkeit zu tun hat.
Und möglicherweise gilt es auch andersherum:
Dass eine Entscheidung für Gott eine gewisse
«irdische» Heimatlosigkeit mit sich bringt.
Christusnachfolge heißt nicht, es sich irgendwo
gemütlich zu machen, sich nett einzurichten,
am besten noch einen Gartenzaun drumherum
zu ziehen. Das hat etwas mit Aufbruch, mit
Unterwegs-Sein zu tun, mit «gesendet sein».

Mag sein, dass dies eigentlich auch die
Grundidee des Zölibats ist – verfügbar zu sein
für Gott, um seinen Willen zu tun. Das aber
wiederum ist nur sekundär eine Frage der
Lebensform. Man kann unverheiratet sein und
trotzdem nicht mehr bereit zum Aufbruch
– und man kann in Beziehung leben, ohne
sich darüber ausschließlich zu definieren.

Klar ist, dass ich mich in meinem Leben bisher
nirgendwo so beheimatet habe, was Orte
und Landschaften angeht, als dass ich dort
nicht auch wieder wegziehen könnte. Aber

das muss nicht zwangsläufig so sein: Mein
Bruder, 1950 schon in Wiesbaden geboren, ist
sein ganzes Leben in dieser Stadt geblieben.

Aber spannend finde ich die Frage schon: Was
ist mit der zweiten Generation von Flüchtlingen
oder auch von Immigranten? Schlagen sie neu
Wurzeln in der Landschaft, der Region, wo sie
aufwachsen? Bleibt ein Rest Heimatlosigkeit?
Vielleicht eine Verunsicherung, die eventuell
auch in Aggression umschlagen kann? Sind
sich diejenigen einer Leere bewusst? Und was
wird in diese Leere hineingepackt? Worüber
definieren sie sich, woraus lebt ihre Identität?

Ich überarbeite dieses Manuskript gerade in
den Tagen der Fußball-Europameisterschaft
2008. Noch nie gab es so viel Deutschland-
Fahnen bei uns zu sehen! Aber auch noch nie sah
man so viele polnische und türkische Fahnen!
Heimat und Identität – zwei ganz wichtige
Stichwörter in dieser Zeit! Konnten die türkischen,
italienischen, spanischen Mitbürger sich bei
uns beheimaten – ohne dabei ihre Identität
zu verlieren? Und man war besorgt – wird die

sportliche Begegnung Deutschland-Türkei auch
bei den «public viewings» friedlich ablaufen?

Je mehr ich mir meiner eigenen Identität
bewusst bin, umso selbstbewusster kann ich
die Begegnung mit dem «Fremden» zulassen.
Und es gilt umgekehrt genauso: Wenn ich
Begegnung ermöglichen will, darf ich nicht
die türkischen Mitbewohner zu «guten
Deutschen» machen wollen, sondern zu Türken,
die ihre Identität leben – und genau deshalb
die Begegnung mit uns Deutschen nicht als
Bedrohung, sondern als Bereicherung erleben.

Unterschiede kann man als «defizitär» beschrieben
– aber auch als Reichtum betrachten.
Je unsicherer ich mir selbst bin, umso eher muss
ich das «Fremde» verteufeln, damit es eben
nicht zu einer Anfrage an mich selbst wird.

Wer heimatlos ist, wer seine Sicherheit nicht
aus seiner Kultur, seiner Sprache, seiner
Umgebung bezieht, mag irgendwann einmal,
wenn es denn der «Grenzüberschreitungen»
zu viele sind, zurückschlagen.

Und wenn die Kraft für die Aggression
nicht reicht, dann muss man fliehen.
Und manchmal muss man einfach
fliehen, weil die anderen stärker sind.

ALS DIE STERNDEUTER wieder gegangen waren, erschien dem Josef im Traum ein Engel des Herrn und sagte: Steh auf, nimm das Kind und seine Mutter, und flieh nach Ägypten; dort bleibe, bis ich dir etwas anderes auftrage; denn Herodes wird das Kind suchen, um es zu töten. Da stand Josef in der Nacht auf und floh mit dem Kind und dessen Mutter nach Ägypten.
Matthäus 2,13–14

Rückblende II – Januar 1945

Die Ostfront rückt immer näher heran. Aus der scheinbaren Sicherheit wächst allmählich die Sorge, dann die Angst. Erste Gedanken an Flucht, viele Gespräche, abwägen – schließlich die Entscheidung – man versucht, nach Westen durchzukommen.

Mein Vater hatte damals ein Ausweichlager in Groß-Peisten übernommen und war dort zuständig für die Organisation der Lebensmittel und des Futters für die Tiere. Dorthin ließ er meine Mutter mit den beiden kleinen Kindern nachkommen. Der Gutsbesitzer hatte sich zudem bereiterklärt, gegebenenfalls meine Mutter mit dem Treck des Gutes mitzunehmen.

Was mag in einer jungen Frau vorgehen, die ihre kleine Wohnung verlassen muss, noch nicht einmal 24 Jahre alt ist, zwei Kinder hat? Wie groß muss die nackte Angst um ihr Leben und das ihrer Kinder gewesen sein, um alles zurückzulassen, um sich auf einen ungewissen Weg zu machen?

Klaus ist gerade mal zwanzig Monate alt, Christiane sieben Monate. Draußen liegt hoher Schnee, es sind minus fünfundzwanzig Grad.

Ohne Grund, ohne Anlass lässt sich niemand auf so etwas ein. Man geht nicht grad mal so aus Lust und Laune weg. Und das gilt für die Hunderttausende von Menschen, die damals aus Ostpreußen flüchteten – und das gilt heute genauso für die «boat people», die sich in kleinen Booten oft sehr zweifelhaften Führern anvertrauen, um dem Tod zu entgehen – und das gilt für all die anderen Flüchtlinge, die aus ihrer Heimat weggehen.

Aus unserer Distanz heraus, sei sie zeitlich oder räumlich, mögen wir manchmal nicht nachvollziehen können, was Menschen zu solch einer Entscheidung treibt. Aber Angst, Not und Verzweiflung sind keine rationalen und objektiven Größen – es sind subjektive Empfindungen. Das, was meine Mutter befürchtete, wenn sie bleiben würde, war größer als das, was mit der Flucht vor ihr lag.

Meine Mutter entscheidet sich für die Flucht.

Das hört sich jetzt so lapidar an.
Aber stellen Sie sich vor – Sie stehen in Ihrer

Wohnung und wissen: In drei Tagen muss ich
aufbrechen und weggehen. Sie haben schon
einen Kinderwagen zu schieben mit zwei kleinen
Kindern darin. Was sonst nehmen Sie noch mit?
Sie wissen nicht, wann Sie das nächste
Mal etwas zu essen oder zu trinken
bekommen. Warme Kleidung muss dabei
sein. An die Papiere muss man denken.
Und dann gehen Sie durch die Wohnung, die
voll mit Erinnerungen ist: die kleine Figur,
damals bei der Hochzeitsreise gekauft, das
schöne Sommerkleid, das Ihr Mann so gerne
an Ihnen sah, die Bücher, die Fotoalben, das
neue Geschirr, auf das Sie so stolz waren ...
alles bleibt zurück. Und Sie wissen nicht, ob Sie
überhaupt noch einmal zurückkommen werden.

Und Sie brechen nicht mal eben zu einer netten
Wanderung auf, bei der man weiß, dass in
fünf Kilometer Entfernung ein Gasthaus sein
wird, in das man einkehren kann – sondern Sie
brechen auf in die Kälte, die Dunkelheit, ohne
zu wissen, wo Sie heute Nacht schlafen werden.
Sie brechen auf in das Chaos, denn
Hunderttausende sind genauso wie Sie

unterwegs, auf dem Weg nach Westen – auf
der Flucht vor den feindlichen Soldaten.
Wo werde ich ankommen? Und wann?
Werde ich überhaupt ankommen? Und
werde ich noch einmal zurückkommen?

Und oft genug hatten die Menschen keine
drei Tage Zeit um zu überlegen, was sie
mitnehmen möchten – manchmal mussten
sie ihre Wohnung, ihr Haus innerhalb
von fünfzehn Minuten räumen ...

Meine Mutter hatte immerhin eine erste «Anlaufadresse», das Gut in Groß-Peisten. Trotzdem steht sie
vor der schweren Entscheidung: Was nehme ich mit?
Was lasse ich da? Und wie wird die Zukunft werden?

Die Vergangenheit ist manchmal keine schöne
Geschichte. Deshalb ist man eher geneigt, sie
nicht hören, sie nicht wahrhaben zu wollen.
Ich habe mit meiner Mutter nie über diese
Tage in ihrem Leben gesprochen.
Ich habe mich nicht getraut.
Ich wusste nicht, ob sie überhaupt
darüber reden kann, reden will.

Und sie hat es von sich aus nie angesprochen.

Manche Freunde, die dieses Manuskript
im Vorfeld gelesen haben, haben gefragt:
Warum habt ihr nicht darüber gesprochen?
Andere sagten: Ja, das war bei uns genauso.
Es war das große «Nicht-Thema», das Tabu,
an das niemand zu rühren wagte.
Vielleicht ahnte ich um die große Wunde
im Herzen meiner Mutter, die ich mit
meinen Fragen nicht aufreißen wollte.

Dass, was ich heute weiß, wusste ich damals
als Kind, als Jugendliche nicht: Dass es helfen
kann, solche Erfahrungen auszusprechen,
in Worte zu bringen, eben um sie zu
verarbeiten. Sie blieben unausgesprochen.
Und so blieb es auch in unserer Familie,
die wirklich wichtigen Sachen hat jeder
erstmal mit sich alleine ausgemacht –
und jeder auf seine Art und Weise.
Ich habe mir das Schreiben ausgesucht.

Ja, ich glaube, dass ich nicht
nachgefragt habe, war ein Fehler.

Jetzt kann ich niemanden mehr fragen.
Ich kenne nur Fragmente dieser Geschichte.
Wir sollten fragen – bevor es niemanden
mehr gibt, den wir fragen können.
Damit wir nicht vergessen ...

Zurückgekommen in diese kleine Wohnung ist
meine Mutter nie mehr.

Rückblende III

Aus einem Lebenslauf meines Vaters, den ich jetzt beim Aufräumen alter Aktenordner gefunden habe, habe ich erfahren, dass er von diesem Gut in ein Lazarett verlegt worden war, da er sich bei einem Autounfall das Handgelenk gebrochen hatte. Er musste sich von seiner Frau und seinen Kindern verabschieden.

Schon in der darauf folgenden Nacht kamen die Russen. Der Gutsbesitzer wurde erschossen, und es waren französische Kriegsgefangene, die manche Frau in diesen Tagen vor dem Schlimmsten bewahrten. Meine Mutter flüchtete sich mit den beiden Kindern in die Mühle, schließlich in den Eiskeller – ohne etwas zu essen oder etwas Warmem zu trinken.

Ich weiß nicht, was in diesen Tagen
geschehen ist. Ich weiß nicht, ob die junge
vierundzwanzigjährige Frau vergewaltigt wurde.
Wenn nicht, dann hat sie wohl großes Glück
gehabt. Es ist oft genug das Schicksal junger
Frauen, auch heute noch, dass die Eroberer den
Begriff «Beute» sehr umfassend verstehen.

Das Dorf wurde von der deutschen Wehrmacht zurückerobert, und – so schreibt mein Vater – die Flüchtlinge wurden in Lastwagen vierzig Kilometer weiter gefahren und dort mitten in der Landschaft auf die Straße gesetzt, wahrscheinlich richtiger: in einer Schneewüste zurückgelassen. Ostpreußen ist ein weites Land ... bei minus fünfundzwanzig Grad mussten die Kinder, nur auf einem Mäntelchen liegend, des Nachts im Freien schlafen.

Meine Mutter schleppte sich irgendwie mit den Kindern bis ans Haff und konnte auf einem Kahn nach Pillau gelangen. Auf einem Zerstörer wurde sie zusammen mit den Kindern nach Gotenhafen gebracht.

Irgendwie – ich finde es kaum vorstellbar, dass sich so etwas erst vor gut sechzig Jahren hier mitten in Europa ereignet hat. Und dass es noch heute tagtäglich in vielen Ländern dieser Welt geschieht.

Rückblende IV – März 1945, Gotenhafen

Ostpreußen ist inzwischen eingekesselt worden. Es blieb nur noch die Flucht über die Ostsee. Die Flüchtlinge drängten sich in den Ostseehäfen, um einen Platz auf einem der Schiffe zu bekommen. Eine ungeheure Rettungsaktion setzte ein – alles, was an Schiffen verfügbar war, vom kleinen Fischerboot bis zu den großen Kreuzfahrtschiffen, brachte in einem Pendelverkehr Flüchtlinge von Ostpreußen nach Schleswig-Holstein oder nach Dänemark.

Viele Flüchtlinge konnten gerettet werden – aber manches Schiff versank auch in der Ostsee, von feindlichen Kriegsschiffen torpediert, so wie zum Beispiel die «Wilhelm Gustloff» mit 9000 Menschen an Bord. In der winterkalten Ostsee hatte niemand eine Chance.

Meine Mutter hatte es geschafft, sich mit den beiden Kindern nach Gotenhafen durchzuschlagen. Von dem Treck aus Groß-Peisten, der sie eigentlich hatte mitnehmen sollen, war sie getrennt worden. Klaus war aufgrund der Strapazen krank geworden, eine eher harmlose Durchfallerkrankung, die man leicht mit Medikamenten und guter Ernährung hätte behandeln können – beides aber war nicht verfügbar. Deshalb musste meine Mutter auf die Mitfahrt auf einem der großen Schiffe verzichten, obwohl sie schon Karten dafür hatte.

Dieses Schiff wurde auf der Fahrt torpediert und ging mit allen Passagieren unter.

FAMILIENFOTOS

im nachlass
meiner mutter

gibt es viele
fotoalben

wir haben sie uns aufgeteilt
mein bruder und ich

du den linken stapel
ich den rechten

und abend für abend
forsche ich ein album durch

heute fand ich ein album
dessen fotos teilweise achtzig jahre alt sind

omas und opas
die ich nie erlebt habe

tanten und onkel
die ich nicht kenne

meine mutter und mein vater
offensichtlich sehr frisch verliebt

und ich blättere um
und erstarre

ein handgeschriebener zettel
eine haarlocke
klaus
mein bruder

1943 geboren
am 6.3.45 auf der flucht gestorben

bisher war er ein name für mich
geschichte aus alten zeiten

*jetzt steht da eine fieberkurve
handgekritzelt auf schulpapier
der zweiten klasse*

*und ein kleiner mensch
und ein schicksal*

und meine mutter

*die diese haarlocke
und diese aufzeichnungen*

*in diesem album
verewigt hat*

irgendwie

*der tod
meiner mutter*

*bringt meine geschwister
klaus und christiane*

*neu
zum leben*

Klaus Schwarz

M	A
	38°
	~~37,5~~
37,7	
37,5	37,5
	5,3 38,—

gestorben am 6.3.45 9.40 Uhr

an Ernährungsstörung

bei Hans u. Krestken Schwarz

Klaus ist noch in Gotenhafen bestattet worden – Grab Nr. 6954. Für die Beisetzung zahlte meine Mutter 21,– Reichsmark, der Sarg kostete 32,– Reichsmark. Diese beiden Quittungen fand ich auch eher überraschend in einem der alten Aktenordner.

Eine Mutter verliert ihr Kind.
Das ist wohl das Schlimmste, was einer
Frau geschehen kann. Und besonders
schlimm ist es dann, wenn ein Kind
eigentlich nicht hätte sterben müssen.

   Auf Gotenhafen gibt es jeden Tag Fliegerangriffe.
Und du bist grad mitten drin im absoluten Chaos
– und hast keine Idee, wo dein Mann sein könnte.
Oder deine anderen Verwandten.
   Du bist ganz allein. Und vierundzwanzig Jahre alt.

Das ist keine Situation von damals und dort.
Es geschieht heute und hier.
Junge Frauen sehen ihre Kinder sterben
– und es müsste nicht sein.
Sauberes Wasser, Medikamente,
Kindernahrung…
Und wir können nicht sagen, wir
hätten es nicht gewusst.
Wir sind die erste Generation, für die
diese Ausrede nicht mehr taugt.

Rückblende V – «Monte Rosa», auf See

Die «Monte Rosa» ist eines der letzten
Schiffe, das Gotenhafen am 19.3.45 verlässt.
Die Stadt ist eingekesselt. Noch bevor das
Schiff den Hafen verlässt, gibt es einen
Fliegerangriff. Es gibt sogar auf dem Schiff
Tote und Schwerverletzte – aber wiederum
keine Medikamente, kein Verbandsmaterial.
Und auch das Schiff ist beschädigt.
Am 22.3. kommt es in Kopenhagen
an, das zu dem Zeitpunkt noch von
deutschen Truppen gehalten wird.
Diese Informationen habe ich aus dem Internet.

**Am 20.3. stirbt Christiane auf See. Das weiß ich
durch die Sterbeurkunde des Kapitäns des Schiffes,
den entsprechenden Auszug aus dem Logbuch.**

Wir wissen nicht, wo sie beigesetzt wurde. Wir
wissen nicht einmal, ob sie beigesetzt wurde. Mag
sein, dass sie in Kopenhagen ein Grab fand, mag
sein, dass sie eine Seebestattung hatte. Mag sein,
dass gar nichts geschah. Wir wissen es nicht.

Meine Mutter hat das Wertvollste in ihrem Leben verloren, zwei Kinder innerhalb von vierzehn Tagen, und weiß nicht, wie es weitergeht.

Wie überlebt man so etwas, ohne hart zu werden? Ohne an Gott zu verzweifeln?

SEINE MUTTER BEWAHRTE alles, was geschehen war, in ihrem Herzen.
Lukas 2,51b

DEIN HERZ MUSS SEHR GROSS
GEWESEN SEIN

klaus war damals knapp zwei jahre alt
christiane neun monate

mitten im ostpreußischen winter
musstest du mit ihnen die heimat verlassen

ein kinderwagen ein rucksack
nur das überlebensnotwendigste dabei

warme kleidung wahrscheinlich
ein paar fotos und ungewissheit und angst

keine nachricht von deinem mann
den du nicht mal richtig kennen lernen konntest

und keine ahnung
wohin der weg gehen wird

klaus starb am 6.3.45 in gotenhafen
christiane ein paar tage später auf see

schwere ernährungsstörungen
herz- und kreislaufschwäche

du hast ein paar bilder aufbewahrt
und auf altem schulpapier eine art fieberkurve

und
eine haarlocke

und wusstest nicht wohin dein weg geht
und wo dein mann ist

und über sechzig jahre später
blättere ich in einem fotoalbum

das du uns hinterlassen hast
und finde

fotos diesen handgeschrieben zettel
in altdeutscher schrift

und eine haarlocke
hellbraun

du hast all das
in deinem herzen bewahrt

und hast trotzdem
ja zum leben gesagt

dein herz muss
unsagbar groß gewesen sein

Irgendwie scheint meine Mutter in Dänemark
angekommen zu sein. Eine junge Frau,
die gerade beide Kinder verloren hat, ihre
Wohnung, ihre Heimat. Eine junge Frau,
die nicht weiß, wo ihr Mann ist – und
ihre Verwandten, ihre Geschwister...

Ich weiß nicht, wie sie die letzten Kriegstage
verlebt hat. Das nächste, was ich weiß, ist, dass
meine Mutter nach der Kapitulation in ein
Internierungslager in Hevring-Hede kommt.
Dort bleibt sie bis zum Sommer 1947.

In diesem Internierungslager ist die
«Leder-Flicken-Brieftasche» entstanden,
die jetzt in meinem Regal liegt.

Es ist grade mal sechzig Jahre her.

LIEBER KLAUS, LIEBE CHRISTIANE,

*bitte entschuldigt
dass ich mich nicht
früher gemeldet habe*

*auch wenn wir uns nie kennengelernt haben
ich bin eure jüngere schwester
sozusagen «die kleine»*

*klar, die eltern haben von euch erzählt
sie waren sich einig: «andrea geht nach klaus»
und «michael nach christiane»*

*aber es waren geschichten
von dort und damals –
und plötzlich werden sie in mir lebendig*

*plötzlich werdet ihr
in mir
lebendig*

*durch fotos
eine haarlocke
handgeschriebene sterbebescheinigungen*

*ich nehme wahr
es gibt noch einen bruder
noch eine schwester*

und es wäre unsagbar schön
wenn wir uns kennengelernt hätten
wenn wir ein stück weg gemeinsam gegangen wären

ich trauere
jetzt im januar 2007
um euch

ich vermisse euch
ich spüre eine lücke
und habe nur

eine haarlocke
eine sterbebescheinigung
und ein paar fotos

ich lade euch ein
ich bin jetzt da
kommt in mein leben

seit ich
um euch
in der art und weise weiß

seid ihr mir
bruder und
schwester

Um die Konten meiner Mutter nach ihrem
Tod aufzulösen, brauchen wir einen Erbschein
vom Amtsgericht. Dort sollen mein Bruder
und ich neben den eigenen Geburtsurkunden
die Geburts- und Sterbeurkunden von
Klaus und Christiane mitbringen.
Geburtsurkunden der beiden Geschwister?
Nein, die sind verlorengegangen, genauso
wie die Heiratsurkunde meiner Eltern.
Um offiziell-amtlich verheiratet zu sein,
mussten die beiden später eine eidesstattliche
Erklärung vor dem Notar abgeben.

«Wir brauchen aber die Geburtsurkunden,
um den Erbschein ausstellen zu können!»,
sagte die Sachbearbeiterin.
«Können Sie sich vorstellen, wie es einer
jungen Frau geht, die Ende Januar bei minus
funfundzwanzig Grad mit zwei kleinen
Kindern auf die Flucht geht? Glauben Sie
ernsthaft, dass man da noch Geburtsurkunden
hat?», fragte ich fassungslos zurück.
Die Frau erklärte sachlich und eher ungerührt:
«Nein, das kann ich mir nicht vorstellen.
Aber die Geburtsurkunden brauchen wir.»

Schließlich siegte doch der gesunde Menschenverstand: Wenn es schließlich Sterbeurkunden im Original gab, dann konnte man wohl davon ausgehen, dass diese beiden Kinder auch irgendwann geboren worden waren.

Ja, es braucht Ordnung – und es braucht Ordnungen. Und je mehr Chaos entstehen kann oder schon entstanden ist, umso mehr ordnende Elemente brauchen wir. Problematisch wird es dann, wenn die Ordnung wichtiger wird als der Mensch. Wenn es wichtiger wird, jemanden zu registrieren als ihm etwas zu essen zu geben.

WIR HABEN EIN Gesetz – und nach diesem Gesetz muss er sterben.
Johannes 19,7

Rückblende VI

Und mein Vater? Wo war er abgeblieben?
Mein Vater ist dem Tod zweimal regelrecht von der Schippe gesprungen. Durch seine Verletzung am Bein wurde er nicht mit seiner Einheit nach Stalingrad verlegt. Und die allerletzte Kriegsfront blieb ihm erspart, weil er sich das Handgelenk gebrochen hatte. Daher war er Ende Januar 1945 im Lazarett. Als das unweigerliche Ende näher rückte, bekam er den Auftrag, am 5.2.45 mit sechzig Leichtverletzten zu Fuß über das zugefrorene Haff zu gehen, um auf der Nehrung noch ein Schiff zu bekommen.

Mein Vater erzählte nur einmal davon, an einem Heiligen Abend, unter dem Weihnachtsbaum. Von den sechzig Soldaten hat er nur drei bis ans Ziel gebracht – alle anderen sind unterwegs gestorben oder mussten wegen Erschöpfung zurückbleiben.

Es war einer der wenigen Abende, an
dem ich meinen Vater weinen sah.

Und ich war ohnmächtig, ich konnte nichts tun.
Ich litt nur unsagbar mit ihm.

In den letzten Wochen seines Lebens war mein
Vater oft nicht mehr bei klarem Bewusstsein.
Er wollte zum Bahnhof, um Fahrkarten
nach Breslau zu kaufen. Die Koffer auf dem
Schrank erlebte er als böse Geister, so dass
wir sie dann auf den Boden räumten.
Am Silvesterabend 2003 hatte ich Angst:
Würde mein Vater die Böller und Raketen
als Silvesterfeuerwerk verstehen – oder
würde der Krach in ihm Erinnerungen
an diese Kriegstage hochkommen lassen?
Und wie würde er dann reagieren? Könnte
meine Mutter alleine mit irgendwelchen
schwierigen Reaktionen fertig werden?
Zum Glück hat er in dieser Nacht
all das verschlafen...

Mit einem Artillerie-Boot kam er nach Danzig und von dort aus mit dem letzten Lazarettzug, der nach Westen fuhr, nach Sachsen. Er bekam Gelbsucht und musste wieder ins Lazarett. Am 20.4.45 wurde er aus dem Lazarett entlassen und irrte umher – wo sollte er auch hin? – bis er schließlich am 1.5.45 in amerikanische Gefangenschaft geriet und in ein Lager in der Nähe von Bad Kreuznach kam.

Er hatte Glück und konnte sich nach einigen Wochen dort heraustricksen.

Er hatte die Adresse eines früheren Kameraden in einem Dorf im Taunus, dorthin schlug er sich durch.

Er hatte sein Leben gerettet, verwundet zwar, aber lebendig. Wo aber ist seine Familie, wo ist seine Frau, wo sind seine Kinder, wo sind seine Eltern?

Er hat nichts mehr als das, was er auf dem Leib trägt. Sogar das Soldbuch ist ihm in der Gefangenschaft weggenommen worden. Den Ehering hat er gerettet, weil er ihn in der Nivea-Creme-Dose versteckte.

Das Arbeitsamt, wohl eine der ersten funktionierenden Behörden im Chaos des Nachkriegsdeutschlands, weist ihm eine Arbeit in einer Lederfabrik in der Nähe zu. Er muss Häute säubern und gerben. Keine schöne Arbeit.

Sofort beginnt er, sich zu bewerben – bei Verwaltungsbehörden, Kommunen, Banken, der Post. Er will zurück in die Verwaltung.

In den Unterlagen eine lapidare Mitteilung an die Ortsverwaltung: «Ihnen wird der Flüchtling Schwarz zugewiesen. Damit verringert sich die Zahl der von Ihnen aufzunehmenden Flüchtlinge entsprechend.»

Die Suchanzeigen nach den Verwandten laufen über das Rote Kreuz.

Und er verliebt sich. In eine junge Frau, deren Mann vermisst wird und die ihn ein bisschen unter ihre Fittiche nimmt. Sie braucht es, jemanden zu bemuttern – und er braucht es, ein wenig umsorgt zu werden.

Ist es ein Wunder? Ein junger Mann, noch keine 30 Jahre alt, der Menschen hat sterben sehen, der dem Chaos des Krieges grad mal so entronnen ist? Eine junge Frau, die sich einsam und verloren fühlt? Und man gibt sich gegenseitig ein wenig Wärme?

Diese Geschichte weiß ich von meiner Mutter. Sie hat sie mir acht Wochen vor ihrem Tod erzählt – fast so, als müsste sie mir das noch sagen, bevor sie geht. Und mein Bruder kannte diese Geschichte gar nicht – das haben wir aber auch erst festgestellt, als er dieses Manuskript las. Nein, ich verurteile meinen Vater deswegen überhaupt nicht. Ich kann es verstehen.

Es kann Situationen geben, die so außergewöhnlich sind, dass die herkömmlichen Gesetze von Moral nicht mehr gelten. Im Nachkriegsdeutschland erlaubte zum Beispiel Kardinal Frings von Köln im Winter 46/47

ausdrücklich das Klauen von Kohle, was dann
als «fringsen» im deutschen Sprachschatz seinen
Einzug hielt. Er erkannte klar, dass ein Gesetz,
das dem Schutz des Lebens dienen will, dann
nicht mehr gilt, wenn es Leben zerstört und
damit seiner eigentlichen Absicht entgegenwirkt.

Mögen mein Vater und diese Frau damals ein
wenig Halt aneinander gefunden haben!
Mein Vater hat es meiner Mutter erzählt –
und meine Mutter konnte damit leben – und
ich bin froh darüber! Und ich verstehe noch
einmal neu das Wort «Barmherzigkeit»...

Aber halt – soweit sind wir ja
eigentlich noch gar nicht...

Rückblende VII – ein Ort im Taunus 1946

1946, mit Poststempel vom 28.2., also ein Dreivierteljahr, nachdem mein Vater aus der Gefangenschaft entlassen wurde, erhielt er die Nachricht vom Roten Kreuz, dass meine Mutter in einem Internierungslager in Dänemark ist. Eine direkte Kontaktaufnahme sei derzeit nicht möglich, auch keine Rückführung.

Bis dahin wusste er nicht einmal, ob meine Mutter noch lebt.

In den Unterlagen meines Vaters ist diese Karte ordentlich abgeheftet. Was aber mag in ihm vorgegangen sein, als er den Text der Karte las? Was war da an Gefühlen?

Er stellt sofort Anträge auf Freilassung seiner Frau. Der Bürgermeister des Ortes bestätigt, dass der Zuzug genehmigt ist, dass für Lebensmittel gesorgt ist.

Und doch dauert es noch bis zum Sommer 1947, bis meine Mutter in dem kleinen Taunusdorf ankommt.

> Datum des Poststempels
>
> tr.: **Ermittlungsbescheid**
>
> ldegard Schwarz geb.2.2.21 befindet sich in Hevring-
> de Bez.Randers-Jütland-Dänemark. Postverbindung und
> ckführung sind z.Zt. infolge totaler Grenzsperre nicht
> glich. Ihre Angehörige wird auf besonderem Wege von
> rem Aufenthaltsort benachrichtigt.
>
> Das DRK-Flüchtlingshilfswerk bittet zu
> Deckung der Unkosten um eine Spende
> Postscheckkonto: Hamburg 204 27

Nein, ich weiß nichts Näheres, wie es damals
war, aber ich denk mir, es war nicht leicht.
Mein Vater schreibt in einem Brief:
«Meine Frau war physisch und psychisch
gebrochen!» – ja, vorstellen kann ich es mir
schon, nach dem, was sie erlebt hat.

Mein Vater war immer in einer Ordnung
eingebunden gewesen – die Wehrmacht, auch
die Gefangenschaft. Und nachdem er frei
war, kümmerten sich relativ schnell Behörden
um ihn. Meine Mutter stand dem Chaos
in der gesamten Zeit alleine gegenüber. Sie
verliert zwei Kinder – und lebt für zwei Jahre
in einem Lager, ohne zu wissen, was wird.

Und wie viel Zeit hatte ihre Liebe
wirklich, um zu wachsen?

Man muss ganz neu anfangen…

Und die beiden haben ganz neu angefangen…

DIE LETZTEN AKTENORDNER
MEINES VATERS

die Korrespondenz
mit der Krankenkasse
die Einkommenssteuererklärung
von 1991
der Antrag auf Höhergruppierung
und das Glückwunschschreiben
zur Ernennung als Amtsrat

wandern ungelesen
in die Altpapier-Kiste
aber dann
stocke ich

eine alte
vergilbte Postkarte
die Mitteilung des Roten Kreuzes
von 1946 an meinen Vater
dass seine Frau im Lager
in Dänemark lebt
Postverbindung derzeit nicht möglich

der Entlassungsschein meines Vaters
aus der britischen Zone

eine Bestätigung vom
Durchgangslager Friedland
die Rechnungen der Stadtkasse Gotenhafen
für die Beisetzung meines Bruders Klaus
in Höhe von 53,– Reichsmark
damals bar bezahlt
der Antrag auf Erstattung
von Vertreibungsschäden
die ordentlich unterschieden sein wollen
von Ostschäden

dieses Jahr
endet genau so
wie es begonnen hat

mit Familiengeschichten

und
mit Tränen

weil ich plötzlich

ahne

Meine Eltern besaßen im Prinzip nichts
mehr – keinen Teller, keine Tasse. Kein
Taschentuch, keine Bettwäsche, keine

Handtücher. Kein Stuhl, kein Bett.
An Kleidern hatten sie im Prinzip das,
was sie auf dem Leib trugen.
Und da gab es nichts auf dem Dachboden oder
im Keller, was man hätte eintauschen können
– das war alles in Ostpreußen geblieben. Alles
musste von den Nachbarn erbettelt werden,
alles, was man hatte, war nur geliehen.
Und das war nicht unbedingt bereitwillig
hergegeben von denen, die hergeben mussten.

    Mein Vater arbeitete zweieinhalb Jahre in der Lederfabrik. In dieser Zeit fand er nach und nach seine Eltern und Geschwister wieder, die durch Zufall auch alle in der Nähe von Wiesbaden gelandet waren. Sein Vater arbeitete sogar in einer Lederfabrik ganz in der Nähe – ohne dass die beiden etwas voneinander wussten.

Eine der seltenen Familiengeschichten, die
immer und immer wieder erzählt wurden
– und die wir Kinder auch immer wieder
hören wollten! – war die, wie mein Vater
seinen Vater wiedergefunden hat.

Nachdem mein Vater die Adresse der Fabrik bekommen hatte, in der sein Vater angeblich arbeitete, ging er am nächsten Tag dorthin und fragte nach Herrn Schwarz. «Ja, das bin ich!», sagte der Pförtner.

«Ich meine den August Schwarz!», erklärte mein Vater.

«Ja, so heiß ich!», gab der Pförtner zurück.

«Der August Schwarz aus Breslau!», sagte mein Vater, wahrscheinlich schon leicht verzweifelt. Sollte etwa die Information nicht stimmen, die er hatte?

Der Pförtner meinte nur: «Ja, da komm ich auch her!»

Ein Moment Stille, dann lachte er auf und sagte freundlich: «Ich weiß schon, wen Sie meinen! Aber ich heiß eben auch so und komm auch aus Breslau!» – und dann fanden sich schließlich doch noch Vater und Sohn.

Es muss ein riesengroßes Puzzle damals gewesen sein – nur dass man das Spiel nicht aus Spaß spielte, sondern es war blutiger Ernst.
Wo ist meine Frau, mein Mann? Wo sind die Kinder? Wo sind die Eltern?
Wo sind meine Geschwister?

Wo die Freunde, die Nachbarn? Und nicht
zu vergessen: Das alles lief auf dem Postweg!
Man schickte eine Karte an den Suchdienst
des Roten Kreuzes – und dann begann das
Warten. Wann würde eine Antwort kommen?
Und wie würde sie lauten? «Derzeitiger Wohnort
unbekannt» ließ ja immerhin noch ein klein
wenig Hoffnung. «Gefallen in Stalingrad»
– diese Auskunft beendete die Suche.
Und dann manchmal doch ein Name mit
einer neuen Adresse – und der hatte auch
schon jemanden von der Familie wieder
gefunden und… Puzzleteil für Puzzleteil wurde
mühsam über Jahre hinweg zusammengefügt
– und doch blieb mancher Platz leer.

Die Verwandten meines Vaters, die alle in Schlesien gewohnt hatten, waren auf mehr oder weniger abenteuerlichen Umwegen im Westen gelandet, alle im Umkreis von Wiesbaden. Auch sie hatten alles zu Hause zurücklassen müssen oder das wenige, das sie mitnehmen konnten, auf der Flucht verloren. Deshalb konnte damals auch keiner dem anderen aus der Familie helfen. Man konnte nichts geben, weil man selbst nichts hatte.

Es ist eine der weitverbreitetsten Lügen, wenn
erzählt wird, dass damals bei der Währungsreform
alle mit dem Gleichen angefangen haben:
Jeder bekam schließlich DM 40,–.
Dabei wird vergessen, dass die einen Grundbesitz
hatten und ein Haus, in dessen Speicher und
Keller Schätze lagerten, die zwar in Friedenszeiten
vollkommen uninteressant waren, aber in dieser
Zeit der Not plötzlich wertvoll wurden.
Dabei wird vergessen, dass die einen in
ihren gewohnten sozialen Beziehungen
blieben, auch wenn man um den einen oder
andern bangte, der im Krieg war. Aber die
Nachbarin war immer noch dieselbe.
Dabei wird vergessen, dass die einen in der
Landschaft, in der Gegend bleiben konnten,
die ihnen vertraut war, deren Dialekt sie
sprachen – und die Kinder der anderen
in der neuen Schule ausgelacht wurden,
weil sie eben so komisch sprachen – wenn
es denn überhaupt noch Kinder gab.

Mag sein, dass dies einer der Gründe ist, warum
unsere Eltern immer darauf bestanden, dass wir
als Kinder hochdeutsch sprachen. Jeder leichte

Anflug von hessischem Dialekt wurde sofort
unterbunden. Mit Hochdeutsch kannst du dich
überall verständigen; wenn du Dialekt sprichst,
hast du zwar eine entsprechende Identität in
deiner Heimat – was aber, wenn du weg musst?

Das ist keine Differenz zwischen Ost und
West, keine Differenz zwischen Deutschen
und Polen. So wie Hitlers Truppen polnische
Familien aus ihren Wohnorten vertrieben haben,
wurden Ostdeutsche vertrieben. Die Familie
aus Breslau hat genauso alles verloren wie der
Geschäftsinhaber in Dresden oder Hamburg,
der ausgebombt wurde. In München starben
genauso Menschen wie in Berlin und Prag.
Manche hatten Glück, andere hatten Pech.

Und auch daran hat sich in den letzten sechzig
Jahren wenig geändert. Ich habe kein Verdienst
an der Tatsache, dass ich in Deutschland
geboren wurde und eben nicht in Eritrea.
Aber auch die junge Frau in Eritrea
kann nichts dafür, dass sie nicht in
Deutschland geboren wurde.

Natürlich fangen wir alle irgendwie, im
übertragenen Sinn, mit DM 40,– an – und
doch macht es einen Unterschied, ob du lesen
und schreiben lernen kannst, ob du in einem
festen Sozialgefüge zur Welt kommst oder
auf der Flucht, als Fremde unter Fremden,
ob du das sehnlichst erwartete Einzelkind
bist oder das siebte Kind von neun.
Es ist kein Verdienst der Reichen, reich zu
sein – und die Armen müssen nicht unbedingt
etwas falsch gemacht haben, um arm zu sein.
Das, was wir besitzen, gehört eigentlich
nicht uns allein – sondern allen.
Und damit meine ich nicht nur Geld, sondern
auch Heimat, Freunde, Talente, Begabungen.

LIEBE BRÜDER UND Schwestern,
ihr wisst, was Jesus Christus, unser Herr, in seiner Liebe getan hat: Er, der reich war, wurde euretwegen arm, um euch durch seine Armut reich zu machen. Ich gebe euch nur einen Rat, der euch helfen soll; ihr habt ja schon voriges Jahr angefangen, etwas zu unternehmen, und zwar aus eigenem Entschluss. Jetzt sollt ihr das Begonnene zu Ende führen, damit das Ergebnis dem guten Willen entspricht – je nach eurem Besitz. Wenn nämlich der gute Wille da ist, dann ist jeder willkommen mit dem, was er hat, und man fragt nicht nach dem, was er nicht hat. Denn es geht nicht darum, dass ihr in Not geratet, indem ihr anderen helft; es geht um einen Ausgleich. Im Augenblick soll euer Überfluss ihrem Mangel abhelfen, damit auch ihr Überfluss einmal eurem Mangel abhilft. So soll ein Ausgleich entstehen, wie es in der Schrift heißt: Wer viel gesammelt hatte, hatte nicht zu viel, und wer wenig, hatte nicht zu wenig.

2 Korinther 8,9–15

Im Oktober 1946 werden in Deutschland
9,6 Millionen Flüchtlinge gezählt. Die
Bevölkerung Schleswig-Holsteins steigt
innerhalb weniger Monate um ein Drittel.
Der Integrationsprozess dauert
Jahre, wenn nicht Jahrzehnte.
Aber er gelingt.
Viele haben dazu ihren Teil beigetragen
– im Rahmen ihrer Möglichkeiten.
Andere haben sich nicht zuständig gefühlt.

Rückblende VIII

1948 fand mein Vater endlich eine Stelle in der Stadtverwaltung in Wiesbaden – in der Hundesteuerabteilung. Man sollte es nicht glauben, aber das funktionierte sogar schon 1948 wieder.

Damit bekamen meine Eltern Zuzugsgenehmigung nach Wiesbaden. Sie bezogen ein Mansardenzimmer im fünften Stock, das Küche, Wohnraum und Schlafraum zugleich war.

Mein Bruder Michael kam 1950 zur Welt.

In so einem Raum aber kann man wohl kaum ein Kind zur Welt bringen. Deshalb ging meine Mutter zur Entbindung ins Krankenhaus. Da die Geburt ohne Komplikationen verlief, übernahm die Krankenkasse die Kosten für das Krankenhaus nicht. Man ging davon aus, dass problemlose Entbindungen zu Hause stattfinden – egal, wie das «Zuhause» aussieht – auch zu dieser Zeit.

Und natürlich gab es auch keine Erstausstattung für das Baby. Jede Stoffwindel, jeder Strampler, jedes Jäckchen muss erstmal gekauft werden.

Meine Mutter nähte nebenbei in Heimarbeit Lederhandschuhe, um ein bisschen Geld dazu zu verdienen.

Die Briefe meines Vaters, um die Bestätigungen herbeizuschaffen, dass er verbeamtet war und einen Anspruch darauf hat, wieder als Beamter auf Lebenszeit übernommen zu werden, füllen einen Aktenordner. Er sucht Kameraden, die mit ihm die entsprechenden Ausbildungskurse besucht haben und bittet um eidesstattliche Erklärungen, dass er als Zahlmeister übernommen wurde.

Der ein oder andere Brief kommt mit dem Stempel zurück: «Haus zerstört – Adressat nicht auffindbar».

Woher nur haben meine Eltern die Kraft und die Energie gehabt, sich durch dieses Chaos, dieses Durcheinander, dieses Knäuel von zu entwirrenden Fäden hindurchzukämpfen?
Und das nach all dem, was sie erlebt hatten?

Ich weiß es nicht.

Aber gewachsen ist diese Generation daran.
Es ist eine «zähe», eine tapfere Generation
– und diese Generation stirbt aus.

Manchmal habe ich den Eindruck, als ob wir ein bisschen wehleidiger geworden sind...

Rückblende IX

In der kleinen Familie fehlt es vorne und hinten an Geld. Mein Vater stellt regelmäßig Anträge auf Gehaltsvorschuss. Und am meisten berührt hat mich ein Schriftwechsel aus dem Jahr 1952, in dem er DM 40,– Vorschuss für Brennmaterialien beantragt und DM 60,– für Einkellerungskartoffeln. Man kellerte damals Kartoffeln ein, um über den Winter zu kommen – und die kosteten fünfzig Prozent mehr als die Kohle, um den Ofen zu heizen! Einkellerungskartoffeln – wer hat das heute noch? Die gibt es doch drüben im Supermarkt zu kaufen!

Der Vorschuss wurde übrigens gewährt – abzuzahlen in Monatsraten à DM 12,–, vom Dezember und dem Monat abgesehen, an dem die meisten Urlaubstage genommen wurden.

Schwarz, Alfons
Verwaltungsangestellter
Dez. III C 7

Entwurf

Wiesbaden, den 22. August 1952

An das
Dezernat P 2
im H a u s e

Betr.: Vorschüsse zur Beschaffung von Brennstoffen und Einkellerungskartoffeln für den Winter 1952/53.
Bezug: Erl.d.Hess.Min.d.Fin.v.6.8.1952 P 1803/A - 1 - I/34-

Ich bitte um die Gewährung eines Gehaltsvorschusses in Höhe von 40.-DM zur Beschaffung von Brennstoffen.

Gleichzeitig bitte ich, mir einen Gehaltsvorschuss in Höhe von 60.-DM zur Beschaffung von Einkellerungskartoffeln ab 15.9.1952 zu gewähren.

hen :
D III C

Verwaltungsangest

Und zwei Jahre später, also 1954, der Antrag auf Gehaltsvorschuss für ein neues Schlafzimmer, weil das, in dem man bisher geschlafen hatte, nur geliehen war, und die eigentlichen Besitzer es jetzt wieder zurückhaben wollten.

Schwarz, Alfons
Verw.-Angestellter
Dezernat III C 7

Entwurf

Wiesbaden, den 18. Juni

An den
Herrn Regierungspräsidenten
Dezernat P 2
<u>Wiesbaden</u>
auf dem Dienstwege.

<u>Betr.</u>: Einmalige Unterstützung.

Da ich unverschuldet in eine Notlage geraten bin, b
ich um Gewährung einer einmaligen Unterstützung.
Als Flüchtling habe ich meine Wohnungseinrichtung u
alle Gegenstände verloren und war nach der Rückkehr meiner
aus einem Flüchtlingslager in Dänemark gezwungen, meinen Ha
stand neu zu gründen. Von dem mir verbleibenden Nettogehalt
von 270,-- DM monatlich mußte ich zuerst die notwendigsten
kleidungsstücke und Wäsche für meine Familie und mich kaufe
und konnte darüber hinaus nur kleinere Gebrauchsgegenstände
für den täglichen Bedarf anschaffen. Wir bewohnten bisher e
Mansardenzimmer, das uns als Küche, Wohn- und Schlafraum di
und in welchem Herd und andere Einrichtungsgegenstände zur I
nutzung zur Verfügung standen. Durch zwölfmonatige Mitarbeit
in Selbsthilfe am Abend und an freien Nachmittagen ist es mi
geglückt meine katastrophale Wohnungslage zu ändern, und kon
ich am 1. Juni 1951 eine Wohnung in der Gustav-Adolf Str. 1
beziehen. Ich war nun gezwungen, die unbedingt erforderlichs
Einrichtungsgegenstände wie Herde, Öfen, Lampen, Gardinen,
Bettdecken usw. anzuschaffen, für die ich nachfolgend aufge-
führte Ausgaben hatte:

1.)	Gasherd	152,-- DM	Beleg	1
2.)	Lampen	48,50 DM	"	2
3.)	Gardinen	72,20 DM	"	3,4,
4.)	Gardinenzubehör	13,65 DM	"	6,7,
5.)	Bettdecke	17,40 DM	"	9
6.)	Vorhang für Alkoven und Korridor	50,17 DM	"	10
7.)	Zähler für Gas und Elektr.	22,50 DM	"	11
8.)	Ofenrohr	7,60 DM	"	12
9.)	Sonstige Ausgaben wie Spiegel, Wäscheseil u.a.	29,80 DM	"	13,14,
		413,82 DM		

Kohlenherd und Zimmerofen in Höhe von 263,25 DM (Beleg 16)
sind noch nicht bezahlt und müssen jetzt dem Bauherrn erstatte
werden. Für Diese Rechnung und weitere unbedingt erforderliche
Anschaffungen, wie Bett, Kleiderschrank und Tisch bitte ich
höflichst um eine Unterstützung.

Geld – es war ein zentrales und zugleich geheimes
Thema in unserer Familie. Verständlich – es wird
dann zum Thema, wenn man keines hat. Wer
Geld hat, muss nicht drüber reden. Andererseits:
Man sollte auch nicht zuviel darüber reden
– wie war das mit dem Neid der Götter?
Wenn ich fragte, was mein Vater eigentlich
verdient, wurde lapidar mit «Fünfhundert Mark»
geantwortet – nur: Das war zu Zeiten, wo ich
wusste, dass die Wohnungsmiete allein schon
DM 350,– betrug. Konnte also nicht so ganz sein …
Ich habe mich lange darüber geärgert,
dass meine Eltern mir zu Weihnachten
Geld schenkten. Könnten sie nicht ein
bisschen mehr Fantasie erübrigen?
Doch, das hätten sie wahrscheinlich schon
können. Aber ihre Erfahrung war eben eine
andere: Alles, was du hast, kann dir genommen
werden, du kannst es verlieren. Warum dir
etwas schenken, was du verlieren kannst?

Geld – Nimm es für das, was du jetzt brauchst.
Egal wofür … seien es Handtücher oder ein
Buch oder die Telefonrechnung … Für sie
war es kein billiges Loskaufen, wenn sie Geld

schenkten – sondern sie dachten praktisch
– und eben aus ihrer Erfahrung heraus.
Sie haben oft Geld gebraucht, um irgendwas
Notwendiges zu bezahlen. Und dann mag
manchmal der Geldschein wirklich angesagter
sein als die hübsche Kerze, die zwar wunderschön
brennt – aber, ganz ehrlich gesagt, die
eigentlichen Probleme nicht wirklich löst.

Geld – ich habe lange gebraucht, bis ich
es verstanden habe. Aber es stimmt.
Zugegeben, es mag unpersönlicher sein, manchen
Menschen einen Zwanzig-Euro-Schein zum
Weihnachtsgruß dazuzustecken als ein nettes
Blumengesteck zu überreichen. Aber objektiv
gesehen haben sie manchmal wirklich mehr
davon. Mag sein, man braucht grad dringend neue
Unterhosen. Und die würde man natürlich nun
wirklich nicht gerade zu Weihnachten schenken.
Andererseits: Auch von Geldscheinen alleine
können wir nicht leben! Es braucht auch die Rose!
Geschenke können und dürfen auch ein Zeichen
der «Verschwendung» sein – aber was spricht denn
dagegen, beides miteinander zu kombinieren?
Eine Rose und den Zwanzig-Euro-Schein?

BROT UND ROSEN

Brot, die Schale Reis, der Maiskuchen
Nahrung
Kraft
Leben
Arbeit

Brot will erarbeitet sein
und geteilt werden
wir müssen handgreiflich werden
damit Brot wird:
säen und sorgen
lassen und tun
wachsen und ernten
mahlen und kneten

Es braucht viele Körner
damit Brot wird
und es braucht unserer Hände Arbeit

Brot für uns
und Brot für andere
handgreiflich werden
zupacken
mich und meine Fähigkeiten einbringen

Damit Brot wird
müssen wir handeln
damit Brot wird
sind wir gefragt
damit Brot wird
geht's nicht ohne uns

Vom Zusehen, Zuhören, Zuwarten
allein wird niemand satt

Um Hunger zu stillen
müssen wir etwas tun
jetzt und hier
jeden Tag neu
überall in der Welt

Gott schenkt nur
das Wachsen der Körner
er backt für uns kein Brot
Brot will getan sein

Auf den Hunger der Menschen
jeden Tag neu
eine Antwort suchen
der Mensch braucht Brot
damit sich Hunger stillt
hier und jetzt und überall

Brot um zu leben
und doch reicht Brot allein nicht aus
nicht allein vom Brot werdet ihr leben
Menschen brauchen Rosen

Rosen
der bunte Punkt
mitten im Alltagsgrau
das Lächeln in der Müdigkeit
die Tränen zwischen den Steinen
die offene Hand
der zugewandte Blick
die Melodie inmitten der Sprachlosigkeit
die zärtliche Geste
in einer Welt von Macht

Rosen
die darauf warten
geschenkt zu werden
Liebe
die gelebt sein will
Solidarität
die gezeigt werden will
Zärtlichkeit
die empfunden werden darf

Ohnmacht
die erlitten werden muss
ein gutes Wort
das gesagt sein will
eine Umarmung, ein Lächeln, eine Träne
Rosen

in mir Rosen wachsen lassen
andere mit Rosen beschenken
mich mit Rosen beschenken lassen

Es braucht beides
Brot und Rosen
Arbeit und Fest
zupacken und empfindsam sein
hinstehen und tanzen
streiten und versöhnen
kämpfen und leiden
Brot und Rosen

Eines allein
kann den Hunger
nicht wirklich stillen
der Mensch braucht Brot
und er braucht Rosen

dem einen bin ich Brot
dem anderen Rose
und manche sind mir Rosen
und andere Brot

abgeben von dem
was ich habe
von meiner Gelassenheit
meinem Engagement
ein Teller Suppe
der 10-Euro-Schein
ein Lächeln
ein Gedanke
ein Brief
Kraft
Ohnmacht
Tränen

andere an meinen Reichtümern teilhaben lassen
mich von anderen
mit ihren Reichtümern beschenken lassen

Brot und Rosen

Als ich in den letzten Jahren überlegte, ob
ich zeitweise in Südafrika leben könnte, war
dies eine meiner entscheidenden Fragen:
Was kann ich den Menschen dort geben?
Ich habe keine Lust und sehe wenig Sinn
darin, Europa nach Afrika zu exportieren.
Eine Ordensschwester aus Südafrika brachte
es für mich auf den Punkt: «Sie können
Ihre Liebe, Ihre Kraft, Ihre Zeit geben! Und
genau das brauchen die Menschen dort!»
Ja, ich kann kein Brot geben – und meine
finanziellen Möglichkeiten halten sich in Grenzen.
Aber ich bin bereit, meine Liebe zu geben.

Rückblende X

Im April 1950 wurde mein Bruder Michael geboren, im Oktober 1955 kam ich zur Welt. Ich wurde in Wiesbaden geboren – habe mich aber nie als Wiesbadenerin gefühlt.

Meine Eltern haben uns beide sehr geliebt – gar kein Zweifel.

Und ich bin ihnen sehr dankbar für das, was sie uns gegeben und mitgegeben haben.

Aber sie haben uns eben auch ihre Geschichte mitgegeben.

Und in der steht drin, dass sie schon einmal zwei Kinder verloren haben.

Das hat Konsequenzen. Das geht nicht folgenlos.

Dann muss man auf die Kinder, die man
jetzt hat, ein bisschen mehr aufpassen,
damit denen nichts geschieht.
Dann hat man um die Kinder
ein bisschen mehr Angst.
Dann hat man die Kinder lieber bei sich,
als dass man sie nach draußen lässt.
Ich gebe gerne zu: Michael, mein Bruder, musste

da mehr kämpfen als ich. Ich konnte schon von manchem profitieren, was er erkämpft hatte. Aber er hatte es auch schwer – auf ihn wurden als «Erstgeborenen» und als Sohn alle Hoffnungen projiziert.

Fünf Jahre später hatte ich es ein wenig leichter, als ich zur Welt kam. Die wirtschaftlichen Verhältnisse meiner Eltern waren noch nicht rosig, aber immerhin besser.

Inzwischen hatten sie eine Wohnung im Sozialen Wohnungsbau bekommen – nach einer kurzen Episode in einem Haus einer katholischen Pfarrgemeinde. Die hatte es als Trümmerhaus gekauft – und in Selbsthilfe aufgebaut. Dort zog die kleine Familie ein, mein Vater hatte viele freie Stunden dort verbracht und Steine geklopft – und vermietete zugleich ein Zimmer an einen Nachbarn, weil sie nicht genug Geld hatten.

Dann aber der Philippsberg – eine Drei-Zimmer-Wohnung mit einem wunderschönen Ausblick über Wiesbaden!

Ein Paradies, wenn man aus einer Mansarde kommt, einer Zwei-Zimmer-Wohnung – aber immer noch ein bisschen klein, wenn man zu viert ist.

Ich hatte nie ein eigenes Zimmer.
Zuerst teilte ich mein Zimmer zusammen mit
meinem Bruder, später mit meiner Mutter.

Mag sein, dass die Art und Weise, wie
ich mein Leben heute gestalte, eine späte
Antwort auf diese Kindheit ist.
Ich mag es nicht, wenn mir jemand zu nahe
kommt, ohne dass ich ihn eingeladen habe.
Ich ziehe sehr schnell Grenzen.
Ich brauche meinen Raum und
meine Zeit für mich.

Vielleicht, weil ich sie damals nicht hatte?

Aber es macht manchmal auch
unsagbar einsam ...

Rückblende XI

Wenn ich an meine Kindheit zurückdenke, dann gibt es ein paar Szenen, die ich erst im Nachhinein verstehe:

Meine Mutter ribbelt einen alten Wollpullover auf, der einem von uns Kindern zu klein geworden ist. Ich stehe vor ihr, halte ihr die ausgestreckten Arme entgegen, auf denen die Wolle sozusagen zu einem neuen Strang aufgewickelt wird, der beim nächsten Pullover wieder verwendet wird. Man wirft nichts weg, was noch gut ist, man könnte es ja noch einmal brauchen.

Was überhaupt an Kleidung nur möglich ist, wurde selbst gestrickt oder genäht. Und wir Kinder bekamen die abgelegten Sachen der Nachbarskinder – und waren sogar noch stolz auf die «neuen» Kleidungsstücke!

Um sich in den Wintermonaten zu waschen, wurde das Wasser im Kessel auf dem Herd warm gemacht. Wir hatten zwar einen Durchlauferhitzer im Bad – aber der verbrauchte zuviel Gas.

Wir sammelten das Altpapier und brachten es alle paar Wochen mit dem Handwagen zu einem Altwarenhändler, um ein paar Groschen zu bekommen.

In meiner Küche hier in Viernheim steht ein
kleines Holzregal. Es widersetzt sich den Trends
von variablen Möbeln und modernen Holzarten.
Es ist eines der ersten Einrichtungsgegenstände
meiner Eltern – von meinem Vater vor über
fünfzig Jahren selbst zusammengebaut.
Inzwischen ist es rot angestrichen – aber es ist
immer noch stabil und erfüllt seinen Zweck.
In meinem Wohnzimmer steht der alte
Küchenschrank meiner Eltern. Es war das erste
Möbelstück, das sich meine Eltern gekauft
haben, auch über Gehaltsvorschuss. Damals
hat er DM 300,– gekostet – und bei einem
Monatsverdienst von DM 250,– ist das viel Geld.
Er fristete einige Jahre seines Lebens im Keller,
genau wie dieses Regal – für die kleine Küche
im Sozialen Wohnungsbau waren beide wirklich
nicht so besonders praktisch. Und doch konnten
sich meine Eltern nicht davon trennen.

Als ich 1979 in meine erste eigene Wohnung
in Gengenbach umzog, nahm ich den
Küchenschrank und dieses Regal mit. Mein Vater
wollte mir noch etwas Gutes tun – und klebte

auf die Glasscheiben des Küchenschranks nette
Abzieh-Blumenmotive, das war damals grad
Mode. Sie sehen, schlicht und ergreifend, auf
diesem Küchenschrank potthässlich aus – aber ich
habe es bis heute noch nicht übers Herz gebracht,
sie dort abzulösen. Er hat es gut gemeint...

Manchmal, da überlege ich, was wird wohl mit
diesem Küchenschrank und diesem Regal, wenn
ich eines Tages sterben werde? Ich habe keine
Kinder – wahrscheinlich werden Freunde daran
glauben müssen, diese Wohnung aufzulösen.
Und dann werden dieses Regal und dieser
Küchenschrank mit Sicherheit auf den Sperrmüll
wandern, weil diese Möbel niemand brauchen
kann und will, weil sie nicht mehr modern
sind – und weil niemand die Geschichte dieses
Regals und dieses Küchenschranks kennt.

**beim
Aufräumen
am Sonntagnachmittag**

*wenn ich mal
nicht mehr sein werde*

*dann wirst du Fotos finden
mit Menschen die dir nichts sagen
ein gesticktes Buchzeichen
einen kleinen Keramikhasen mit Schlappohr
ein Ferientagebuch von 1967
Texte die du nicht kennst
eine Kinderzeichnung
aus irgendeinem Grund aufgehoben
einen Becher
der für dich
wie jeder andere ist*

*wenn ich mal
nicht mehr sein werde*

*wird nicht mehr sein
das Wissen das Gefühl*

*wie ich in diesen Menschen mal sehr verliebt war
warum ich das Buchzeichen bekam*

die Geschichte des Schlappohr-Hasen
meine Kinderwelt mit 12
die Situation des Abends
an dem genau dieser Text geschrieben wurde
die Begegnung mit Johannes
der mir sein Bild geschenkt hat
der Becher
vor 25 Jahren in Irland gekauft

wenn ich gehe
dann wird all das mit mir gehen

zurück bleiben nur Zeichen
Gegenstände Überreste

und vielleicht
ist das auch ganz gut so

was wirklich wichtig ist
das werde ich

mitgenommen
haben

Mit dem Tod meines Vater und meiner
Mutter ist vieles «gestorben», was
nicht mehr rekonstruierbar ist.
Sie haben es mitgenommen.
Und vieles, was mir wichtig ist, werde ich
eines Tages mitnehmen, wenn ich sterbe.

Aus unserer Familie ist etwas geworden. Mein Vater hat sich vom Arbeiter bis hin zum Amtsrat hochgearbeitet. Meine Mutter arbeitete als Glas- und Porzellanverkäuferin. Mein Bruder hat einen Beruf erlernt, in dem er heute noch tätig ist. Ich konnte studieren und meinen ganz eigenen Weg gehen. Und doch – im Gepäck haben wir diese Geschichte meiner Eltern.

Das, was meine Eltern erlebt haben, ist eine
Geschichte von neun Millionen Geschichten, die
Menschen erlebt haben. Es ist eine Geschichte,
die Millionen von Menschen heute erleben.

Eine Erfahrung bleibt: Es ist machbar. Man kann
neu anfangen. Diese Generation hat es bewiesen.

Nein, ich erbe keine Häuser und keine
Grundstücke. Muss ich ja auch nicht.

Das, was ich erbe, ist etwas anderes: Die
Erinnerung daran, dass man alles verlieren kann
– und damit die Frage: was ist wirklich wichtig?
Ich habe Heimatlosigkeit geerbt – und Heimat
in meinem Glauben geschenkt bekommen. Und
ich glaube, auch die Sehnsucht gehört zu diesem
Erbe dazu. Ich spüre die Verantwortung, anderen
zu helfen, denen es schlechter geht – weil uns
damals andere geholfen haben – und weil es
nicht mein Verdienst ist, dass es mir heute gut
geht. Ich habe auch gelernt, dass Barmherzigkeit
wichtiger sein mag als manches Gesetz. Und ich
habe den Grundsatz meiner Eltern übernommen,
dass man aus allem das Beste machen muss.
Aber ich habe auch die Fragen geerbt, ob das
alles so richtig ist, was Menschen einander
antun – und ich habe das Verständnis
geerbt, wie es Menschen gehen mag, die sich
gezwungen sehen, ihre Heimat zu verlassen.

Soetwater, 31. Mai 2008

Soetwater, eine Erholungs- und Freizeitanlage an der äußersten Südwestküste Südafrikas, circa fünfundzwanzig Kilometer von Kapstadt entfernt, eine halbe Stunde vom Kap der Guten Hoffnung. In den Zeiten der Apartheid war dieser Strand den Farbigen vorbehalten, also den Mischlingen. In einem Führer ist der Hinweis zu lesen: «Picnick areas, tidal pool» – also Picknickmöglichkeiten, ein gezeitenabhängiges Schwimmbecken. Und als «dress code», also «Kleiderordnung»: Slack wear, Freizeitkleidung.

Ein Bild wie aus einem südafrikanischen Werbeprospekt: weite, weiße Sandstrände, Dünen, die Sonne scheint von einem blauen Himmel herab, das Meer rollt in langen Wellen an den Strand – über allem ein weißer, schlanker Leuchtturm. Eine Einladung in den Urlaub!

Am Eingang der Erholungsanlage ein großes, handgeschriebenes Schild: «Camp closed!», die Schlagbäume sind heruntergelassen, Sicherheitskräfte bewachen die Zufahrt.

Nach einigen Diskussionen dürfen wir hineinfahren, die Nummer des Autos wird notiert.

In einem kleinen Township in der Nähe, *Masi-*

phumelele, unterstützen wir von Deutschland aus zwei Projekte – und auch dort waren in den vergangenen Tagen Unruhen ausgebrochen. Aufgestaute Aggression, Frustration entluden sich in Gewalt gegen Somalier, Äthiopier, Leuten aus Simbabwe. Wenn sie ihr Leben retten wollten, mussten sie fliehen. Wir hatten gehört, dass einige Leute aus Masiphumelele dort in Soetwater Zuflucht gefunden hätten – und wollten schauen, was an dieser Information stimmte.

Nach einigen hundert Metern sehen wir, was los ist: Aus einer idyllischen Erholungsanlage ist ein Flüchtlingscamp geworden. Verschiedene Großzelte stehen mitten in den Dünen, auf den notdürftig errichteten Zäunen hängen Kleidungsstücke zum Trocknen, Dutzende von hellblauen Toilettenhäuschen stehen umher. Und dazwischen Menschen, Lastwagen, leere Blechtonnen.

Wir parken das Auto und gehen zu Fuß etwas näher. Ein Großzelt wird gerade noch aufgebaut, in einem anderen liegen circa vierzig Decken direkt auf dem nackten Boden ausgebreitet, die wenigen Habseligkeiten am Kopf- oder Fußende. Nein, es gibt keine Feldbetten, es gibt eigentlich keinen Schutz gegen die Kälte, die in den Winternächten am Kap aus dem Boden hochkriechen kann, der Wind kann heftig pfeifen – und auch der Regen fällt nicht nur in netten Schauern.

Überall stehen Männer zusammen, reden miteinander, ein paar spielen Ball – keine Ahnung, wo sie ihn her haben. Die Frauen und Kinder sind auf der anderen Seite des Camps untergebracht.

Wir sprechen die ersten an, sofort bilden sich Menschentrauben um uns herum. Und wir hören nicht nur Geschichten, wir hören Schicksale. Ein

Äthiopier lebt seit neun Jahren in Südafrika, hatte ein kleines Geschäft, Textilien. In einer der letzten Nächte haben sie ihn und sein Geschäft überfallen und ausgeraubt. Als er die Polizei rief, empfahl sie ihm nur, einfach zu gehen, um sein Leben zu retten. So kam er in das Camp. Er besitzt nichts mehr außer dem, was er am Leib trägt. Und wo soll er hin? Nach Äthiopien kann er nicht zurück, in den Ort, in dem er gelebt hat, auch nicht. Essen? Nein, nicht genug, die muslimische Gemeinde hat was vorbeigebracht. Er weiß nicht, wie es weitergeht.

Wir gehen weiter, seltsam berührt, eine Situation zu erleben, die wir nur vom Hörensagen kennen. Man kann über Flüchtlingslager in den Zeitungen lesen, man kann Bilder im Fernsehen anschauen – das hier ist auf einmal anders.

Wir wechseln hinüber zur anderen Seite des Camps, dort sollen die Somalis sein.

An einem Strauch mitten in den Dünen hocken vier, fünf Leute zusammen. Als wir näher kommen, sehen wir, dass es dort einen Elektroanschluss gibt. Mit einem raffinierten System aus Doppel- und Dreifachsteckern werden Handys aufgeladen – im Moment vielleicht noch die letzte Möglichkeit, einen Kontakt zu Freunden, zur Familie zu halten.

Wie lange? Wenn Rechnungen nicht bezahlt werden können, werden auch Telefonleitungen gekappt. Und von was sollten diese Menschen Telefonrechnungen bezahlen können?

Zehn Meter weiter, direkt neben einem der kleinen Toilettenhäuschen, ein kleiner Gaskocher, ein Topf darauf mit Reis und ein paar wenigen Bohnen. Dreißig Männer stehen drumherum – das gibt drei Bissen Reis für jeden. Zu viel um zu sterben, zu wenig um zu leben.

Nein, sie wollen nicht wieder zurück. Sie haben Angst. Und sie haben Hunger. Und sie haben keine Perspektive.

Im Weitergehen sehen wir zwei kleine Kinder, die mit einer Blechtonne spielen, indem sie sie hin und her rollen. Frauen sitzen zusammen, schweigen.

Und immer wieder Wäschestücke zum Trocknen auf den Sträuchern, den Zäunen – und durch die Sträucher der Blick auf den weißen Strand, das blaue Meer.

Zwischendrin ein Zelt, in dem Kinderkleidung von freiwilligen Helfern sortiert und zur Ausgabe vorbereitet wird. Immer wieder sehen wir Sicherheitskräfte, Polizei.

Und über allem die strahlende Sonne Südafrikas,

ein Leuchtturm, Dünen, das Meer, das in Wellen an den Strand rollt. Einer der Somalis sagt mit einem bitteren Unterton: «Sie haben uns hierhin gebracht, damit uns keiner sieht!»

Es geht mir nicht um die politischen Hintergründe oder um eine Schuldzuweisung. Und es steht mir nicht an, hier ein Urteil zu fällen. Ich kann die Menschen verstehen, die aus den verschiedensten Staaten Afrikas nach Südafrika fliehen, von dem man zumindest denkt und annimmt, da läuft alles halbwegs okay.
Ich kann aber irgendwie auch die Südafrikaner

verstehen, die sich auf einen sehr mühevollen
Weg der Verantwortung, der Einübung in
Demokratie, in den Aufbau ihres Landes
eingelassen haben. Dass Südafrika mit dem
Ende der Apartheid nicht im Chaos versunken
ist, hängt auch mit der Bereitschaft der
Menschen zusammen, diesen Weg zu gehen.
Aber irgendwann ist auch ihre Geduld am Ende.
Klar, es gibt keine offizielle rassistische Apartheid
mehr – aber es gibt eine soziale Apartheid.
Immer noch ist die Mehrzahl derer, die Geld
haben, weiß – und die Mehrzahl derer, die kein
Geld haben, schwarz. Und die Veränderung
geht nur langsam und braucht Zeit.

Und dann kommen plötzlich andere, denen
es noch schlechter geht, und arbeiten für die
Hälfte des Geldes – und immer noch sind vierzig
Prozent der Südafrikaner selbst arbeitslos.
Noch steht die soziale Infrastruktur teilweise auf
wackligen Beinen, reicht nicht einmal für die
Südafrikaner selbst aus. Und dann strömen auf
einmal drei Millionen Flüchtlinge in das Land!
Dazu kommt eine Regierung, die natürlich
Wahlversprechungen macht, die gar nicht

einlösbar sind – wie das auf der ganzen Welt
eben so ist. Wenn man sechzig Jahre Demokratie
hinter sich hat, weiß man das. Aber wenn man
grad erst mal gute zehn Jahre Demokratie erleben
durfte, dann mag man noch daran glauben.

Ja, all das ist wichtig und sicher notwendig zu
bedenken. Aber all das ist nicht mein Punkt.
Es gibt im Jahr 2008 Flüchtlingscamps. Es gibt
Menschen, die aus ihrer Heimat vertrieben
worden sind oder die weggehen mussten, weil
sie Angst hatten. Und es gibt diese Camps
nicht nur in Südafrika, sondern in Darfur,
im Irak, in Birma. Es sind nicht mal grad nur
eintausend Menschen wie in Soetwater, sondern
es sind Hunderttausende, es sind Millionen.
Heute, hier und jetzt werden Menschen
immer noch dazu gezwungen, ihre Heimat
zu verlassen – aus welchen Gründen auch
immer. Und es gibt Menschen, zu denen diese
Menschen kommen und um Aufnahme bitten.
Und ich ahne das erste Mal, was flüchten
müssen für meine Mutter bedeutet hat...
– und was ein Flüchtlingscamp ist...

Ja, wir können wegsehen. Es gibt Wichtigeres.
Zum Beispiel den Dax-Kurs.
Oder die Benzinpreise an der Tankstelle.
Und überhaupt haben wir doch genug Probleme
im eigenen Land, Stichwort Hartz IV.
Afrika ist doch weit weg.
Wirklich?
Ist Afrika wirklich so weit weg für uns?

In einem solchen Lager hat meine Mutter vor
sechzig Jahren diese Brieftasche aus Lederflicken
genäht, die heute auf meinem Schreibtisch liegt.

Blick nach vorn

Ja, es gibt Pläne in meinem Leben. Ich möchte
und ich werde nach Südafrika gehen – weil
es dort Menschen gibt, die meine Zeit und
meine Kraft und unsere «Rosen» brauchen.
Ich kann gehen, eben weil ich keinen
Ort brauche, um beheimatet zu sein.
Ich brauche meinen Glauben und
einen Gott, der mit mir geht.
Ich muss nicht finanziell reich werden, mir
reicht es, halbwegs leben zu können.
Ich brauche eine Kirche und Eucharistie, die dort
gefeiert wird. Dann bin ich überall zu Hause.

Mag sein, dass diese Entscheidung für die
nächsten Jahre meines Lebens mit dem
zusammenhängt, was meine Eltern erlebt haben.

Ich weiß es nicht.
Aber es kann durchaus sein…

Epilog

«Wenn du groß geworden bist,
nachdem du gering warst,
und Vermögen erworben hast,
nachdem du vorher Mangel littest
in deiner Heimat, die du kanntest,
so vergiss nicht,
wie es dir früher gegangen ist.
Verlass dich nicht auf deine Schätze,
die dir als eine Gabe des Gottes
zuteil geworden sind.
Reichtum ist vergänglich …
ein gutes Wesen bleibt dir.»

Der Text wird Ptahhotep zugeschrieben,
einem ägyptischen Wesir und Stadtverwalter,
der gegen Ende des Alten Reiches, also
circa um 2200 vor Christus, lebte. Seine
Zusammenstellung von Lebensmaximen
gilt als die älteste, vollständig erhaltene
Weisheitslehre der Menschheitsgeschichte.

Dieses Zitat fand ich am Schluss des Tagebuches einer Tante, einer Schwester meines Vaters. Darin beschreibt sie in sehr berührender Weise ihre Flucht von Liegnitz in Schlesien mit zwei kleinen Kindern über das Sudetenland bis nach Wiesbaden. Sie erfuhr erst im Dezember 1946, dass ihr Mann lebt. Und es wurde Januar 1950, bis sie sich wieder gesehen haben, nachdem er aus russischer Gefangenschaft entlassen wurde.

Damals war sie 37 Jahre alt – elf Jahre ihres Lebens hatte sie Angst um ihren Mann, wusste nicht, wo er war, wartete auf ein Lebenszeichen.

FAMILIENGESCHICHTEN 2. TEIL

Im April 1950 stellte mein Vater
einen Antrag auf Gehaltsvorschuss
als mein Bruder zur Welt gekommen war
meine Mutter musste zur Entbindung
ins Krankenhaus gehen
weil es in der Ein-Zimmer-Mansarde
nicht möglich war
da die Geburt aber
ohne Komplikationen verlief
übernahm die Krankenkasse
die Kosten nicht

Im September 1952
stellte mein Vater einen Antrag
auf Gehaltsvorschuss
in Höhe von DM 40,– für Brennmaterialien
und DM 60,– für Einkellerungskartoffeln
abzuzahlen in
zehn Monatsraten à DM 10,–
Begründung:
außergewöhnliche Notlage

1954 stellte er einen Antrag
in Höhe von DM 900,–

*um die Möbel für ein Schlafzimmer
kaufen zu können
Bett und Schrank waren
bis dahin nur geliehen
und der Besitzer wollte sie
jetzt gerne zurück*

*als meine Eltern
im Westen ankamen
hatten sie nur das
was sie auf dem Leib trugen
und wahrscheinlich
das eine oder andere offizielle Papier*

*verloren hatten sie
so ziemlich alles
zwei Kinder inbegriffen*

*geschenkt
bekamen sie
nicht viel*

*sogar die Einkellerungskartoffeln
mussten vom kärglichen Gehalt
abgestottert werden*

und sie haben es gepackt

*und sie haben neu angefangen
allen Schwierigkeiten zum Trotz*

*unsere Familiengeschichte
ist ein Teil der
Geschichte Deutschlands*

*es ist nur sechzig Jahre her
und doch
haben wir es nicht mehr präsent*

*sogar ich als Tochter
hatte es noch nie so präsent
wie in diesem Jahr*

*aber mir ist heute Abend
klar geworden*

*diese Geschichte darf nicht
verloren gehen*

*nur
wem*

*erzähl ich
sie?*

*und
wer*

*will sie
hören?*

860 km
Randers
Flensburg
Hamburg
Wiesbaden

1350 km
Heilsberg
Gr. Peisten
Braunsberg
Danzig
Berlin
Oschatz/Sa.
Laubenheim
Wallrabenst.
Wiesbaden

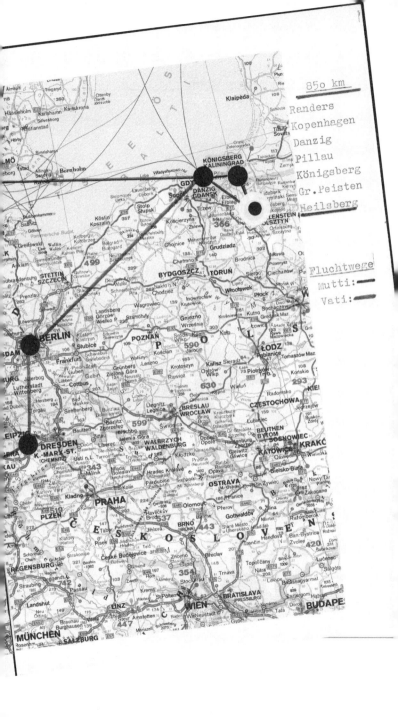

Zu diesem Buch

Ja, dieses Buch ist unpolitisch
und politisch zugleich.

Ich will keine Geschichte aufarbeiten, es
geht mir nicht um Schuldzuschreibung,
Mitleid oder Wiedergutmachung. Und ich
habe auch keine Lust dazu, dass ich von
irgendwelchen Interessengruppen für ihre Ziele
vereinnahmt werde. Ich habe keine Absicht nach
Ostpreußen umzusiedeln und irgendwelche
Gebietsansprüche anzumelden – und auch
dass ich das so klar sagen muss, gehört ja
schon wieder zum Teil unserer Geschichte.
In dem Sinn ist dieses Buch unpolitisch,
weil es eben keine Partei ergreifen will.

Es geht mir um eine sehr persönliche Schilderung
der Geschichte einer Familie während und
nach dem Zweiten Weltkrieg – aus dem Blick
derer, die eine Generation später leben. Es geht
mir darum, den Begriffen «Flüchtling» und
«Vertreibung» ein menschliches Gesicht zu
geben, ein «deutsches» Gesicht. Und es geht mir

darum zu überlegen, wie das, was unsere Eltern
erlebt haben, sich wiederum auf uns auswirkt.

Und genau deswegen ergreift es Partei
– und ist deshalb eben doch politisch
– vielleicht das politischste aller meiner
Bücher bisher: Ich ahne inzwischen, wie es
Menschen geht, die auf der Flucht sind.
Deshalb ist es auch ein Plädoyer dafür,
unsere Welt so zu gestalten, dass niemand
mehr, aus welchen Gründen auch immer,
seine Heimat verlassen muss.

Deshalb schreibe ich dieses Buch.
Damit wir nicht vergessen, dass Flucht und
Vertreibung auch ein Kapitel unserer deutschen
und europäischen Geschichte sind.
Damit wir nicht vergessen, dass alle,
die sich zu uns flüchten, auch einen
subjektiven Grund dafür haben.
Und ich denke, genau das darf
uns nicht verloren gehen…

Deshalb habe ich diese Geschichte aufgeschrieben.

Andrea Schwarz im Verlag Herder

Und jeden Tag mehr leben · Jahreslesebuch
Mit 12 Illustrationen von Thomas Plaßmann
Neuausgabe · 400 Seiten · Gebunden mit Leseband
ISBN 978-3-451-32169-6
366-mal Mut, dem eigenen Leben Zeit und Aufmerksamkeit zu schenken: Von Advent zu Advent begleitet dieses Lesebuch durchs Jahr. Andrea Schwarz hat eine besondere Gabe: Auf sehr persönliche Weise handeln ihre Texte von Erfahrungen, die Lebensschritte möglich machen – ob Gedichte oder kurze Erzählungen, ob spirituelle Texte zum Nachdenken oder Berichte von Erlebtem. Sie alle haben ein Ziel: den Leserinnen und Lesern Mut zu machen, jeden Tag mehr zu leben.

Du Gott des Weges segne uns
Gebete und Meditationen
192 Seiten · Flexcover mit Leseband
ISBN 978-3-451-32099-6
Seit ihrem überaus erfolgreichen Erstlingswerk «Ich mag Gänseblümchen» (1985) enthalten die Veröffentlichungen von Andrea Schwarz immer wieder Texte, in denen ihre ganz besondere Gedichtsprache zum Gebet wird. Längst haben viele davon Eingang gefunden in persönliche «Zettelkästen» von Leserinnen und Lesern, von Seelsorgerinnen und Seelsorgern. Erstmals versammelt dieses Gebetbuch bekannte und beliebte, zum Teil aber auch bislang unveröffentlichte Gebetstexte von Andrea Schwarz aus zwei Jahrzehnten in einem Band.

Die Sehnsucht ist größer
Vom Weg nach Santiago de Compostela · Ein geistliches Pilgertagebuch
192 Seiten · Herder Spektrum Taschenbuch 5756
ISBN 978-3-451-05756-4
Die Sehnsucht wachsen lassen. Aufbrechen, um heimzukommen. Andrea Schwarz hat sich auf den Weg nach Santiago de Compostela gemacht und über die vielen Begegnungen, Eindrücke und Erlebnisse ihrer wochenlangen Wanderung Tagebuch geführt – ein humorvoller und tiefgründiger Reisebericht über den Weg zum Ich und zu Gott.

Den Weg im Herzen tragen
Ein Begleitbuch für Wallfahrer und Daheimgebliebene
96 Seiten · Gebunden · ISBN 978-3-451-28898-2
Das kompakte Buch ist ein Begleiter in Wort und Bild für alle, die sich auf Pilgerreise begeben: ob in die Ferne oder zu einem nahen Wallfahrtsort – oder die einfach nur spüren, dass es Zeit ist, innerlich aufzubrechen und den Weg im Herzen zu tragen.

Die Bibel verstehen in 25 Schritten
Ein Durchblick-Buch für Neugierige
144 Seiten · Paperback · Durchgehend zweifarbig gestaltet
ISBN 978-3-451-28534-9
Andrea Schwarz legt eine verständliche und unterhaltsame Einstiegshilfe vor für alle, die auf irgendeine Weise neugierig sind, was es mit diesem Buch eigentlich auf sich hat. Die Informationen und Übungen ihres «Durchblick»-Buches haben ein Ziel: die Bibel aus dem Regal zu holen und als «Lebensbuch» zu entdecken.

Bleib dem Leben auf der Spur
Geschichten von unterwegs
192 Seiten · Gebunden · ISBN 978-3-451-28830-2
Die Bestseller-Autorin Andrea Schwarz bringt fünf Jahrzehnte ihres Lebens so zur Sprache, dass Menschen Mut gewinnen, das eigene Leben wieder in die Hand zu nehmen. Ein erfrischendes und ungewöhnliches Buch, voll Liebe zum Leben.

Propheten sind wir alle
Die Botschaft des Propheten Jona
144 Seiten · Paperback · ISBN 978-3-451-29236-1
Andrea Schwarz liest die Geschichte des Propheten, der vor Gottes Auftrag flieht und von einem Wal verschluckt wird, wie eine moderne Kurzgeschichte: als Erzählung einer Wende mit offenem Ende. So wird das Jona-Buch überraschend aktuell: als Anfrage und Modell für unsere je eigene Lebensgeschichte.

HERDER

© Verlag Herder GmbH, Freiburg im Breisgau 2009
Alle Rechte vorbehalten
www.herder.de

Umschlagmotiv und Fotografien im Innenteil:
Privatarchiv Andrea Schwarz
Fotografien S. 92 und 96: Angelo Stipinovich
Alle Rechte vorbehalten

Autorinfoto:
Martin Neudörfer, Viernheim

Bibelzitate sind wiedergegeben
nach der Einheitsübersetzung
der Heiligen Schrift
© Katholische Bibelanstalt Stuttgart 1980

Gesamtgestaltung:
Weiß-Freiburg Gmbh – Graphik & Buchgestaltung

Herstellung:
fgb · freiburger graphische betriebe
www.fgb.de

Gedruckt auf umweltfreundlichem,
chlorfrei gebleichtem Papier
Printed in Germany

ISBN 978-3-451-32192-4